...e for Greater Pollok, his prize-winning ...hed audiences in Scotland, Ireland, mainland ...nd Australia. Currently a National Schools Scots Language Development Officer, he encourages pupils and teachers to be more self-confident and gallus with their own guid Scots Tongue. His first novel *But n Ben A-Go-Go* was published in 2000 and he is at work on a sequel. *Kate o Shanter's Tale and Other Poems* is his first poetry collection. He lives in Lanarkshire with his wife, Mirka.

Kate o Shanter's Tale

and other poems

MATTHEW FITT

Luath Press Limited

EDINBURGH

www.luath.co.uk

821
FIT

First published 2003

The paper used in this book is recyclable. It is made from
low-chlorine pulps produced in a low-energy, low-emission manner
from renewable forests.

Printed and bound by
Creative Print and Design, Ebbw Vale

Typeset in 10.5 point Sabon by
S. Fairgrieve, Edinburgh 0131 658 1763

For Craig and Charlie Reid.

*With thanks to Duncan Glen, Ellie McDonald,
Christopher Whyte and Michael McVeigh.*

*Some of these poems have appeared in Chapman,
The New Makars, Gairfish, Scots Glasnost, Scrievins,
Scratchings, Partick Thistle FC Match Programme,
The Jewel Box, National Poetry Day Postcards, New Writing
Scotland and Scotland on Sunday, and been featured on
BBC Radio Scotland, ITV, RTE and Channel Four.*

Contents

proclamatioun

ken thae proclaimers ken

thae twa specky guys
wi the national healthers
and guitars owre their shooders
and plooks aa owre their puses

mind

they done that ane aboot
gaun tae america
an writin letters hame
an lochaber an methil
an nae mair lawn mowers
or somethin

mind
them ay them

well
see them
they're no real

naebody ah'm tellin ye naebody
speaks like yon
tryin tae be haurd
that's aa it is
tryin tae be funny

an they're no even scottish
ah mean no really ah mean
whaur's their chanters
they've no got ony chanters
hou can they be scottish
if they've no got ony chanters

whit are they tryin tae dae
whit are they aa aboot

chic charnley

wi a sashay and a shimmy
charnley's sellt the boy a dummy
and the laddie's awfie jammy
catchin chico wi the baw

he's nae skinnylinky rookie
cha's a shairp and clever cookie
and he wiggles his bahookie
as he bends ane roon the waw

wi the grace o the flamenco
and the speed o the fandango
and the jinkin o an elbow
that the linesman never saw,

charnley sends ane o his passes
wi a shoogle o his chassis
but his striker's needin glasses
and it goes oot for a thraw

but it's charnley gettin hisses
as his forward shoots and misses
so he blaws the shed boys kisses
and just turns and walks awa

soon the crowd are gaun their dinger
charnley's taigled wi a winger
the laddie's hurt his pinkie finger
and is greetin for his maw

and the ref, aw dour and surly,
interrupts the hurly-burly
and the gemm goes curly-wurly
as the ref picks up the baw

it's nae fleg and it's nae ferlie
tae discover oor wee cherlie
will be takkin his bath early
and is tellt tae shoot the craw

still, forget the greetin-teenies
and the auld firm in-betweenies
and the kid-on dixie deanies –
charnley's fitba in the raw

ayewis jinkin and gyratin
oot there fashin and frustratin
wi the heid and lugs o satan
an wi legs ye cannae caw

charnley, and his like, are worth mair
shairly than the usual dour fare
wi the baw never oot the air
ayewis endin in a draw

thon's a sair and unco fate
for thae pundits tae meditate
trust scotland, the daft auld skate,
tae pish on talent sae braw

liz mccolgan

like the city o braes,
she faced a caald wind

a shilpit lass
wi steel in her banes,
she saftened the thrawn backs
o the Sidlees and the Rockies
wi a million dour dawn trainin runs

and fae the caaed-oot hert o Haakhill
the lass traachled throu
tae the circles o siller and gowd
at Seoul and Barcelona

but like the toun
that helped her finn her feet,
she won nae kind reviews

the lass aye pit her fit tae the road
lined wi sair and greetin faces

she ayewis chose the steyest brae

for her
there wis ainlie the track
and gaein doon it –
hirplin or fleein –
but gaein doon it

yet atween her and the road
the sherp thin wind
and the sweirness o the world
is nae mair
nor a stane in her shoe

schotten

Chalmers, Cochranes, Cockburns, MacLeans, Weirs
left the rain at leith and aberbrothock
met weet snaw in the skagerrak's mooth
and flitted hoose and shore tae the baltic

in hansa's coorts, fairs and merkat touns
where the chapmen unrolled their packs like souls
the guid men o the guilds cauldly glowered,
drave oot the schotten mang the jews and poles

intil poland's hert and centuries' blood
tae kythe as surgeons, teachers, brewsters o beer
reckoners o five-year-plans – Czamer
Czochranek, Kabrun, Makalienski, Wajer

forgotten airfields o west central bohemia

the wind scarts at the birks
boys scutter wi a puck on the frozen lochan

the pilot has nae cigarette tae licht
she cups his hauns wi hers
and tells him it'll soon be summer

then wi a gleg airm,
he ruggs awa the chocs
haps his een wi cracked auld goggles
feels his hert skelp faster in his chist

she bides by the skoda
smoorin the cauld intil her wi a scarf
and smiles

she kens where he's gaun and hou far

heid boued in the micro-licht cockpit,
he hirples the plane twiced
roon the roch ploued field o hajany airbase
then wi a gesture
mair puggled than crabbit
sneds the ile-flow tae the engine

she reads and unnerstauns the scunner on his face
but gledly retrieves her goggie's haun
and drives him hame throu the sub-zero winter glaur

thirty thoosan feet
abinn the jeel-cauld west czech forests
an arra-heid o soviet bombers
dinnles dour anthems amang the altocumulus

mirka's sunflowers

she arrived from the land
of which we know nothing
and brought the dark island
an adrenaline of yellows

La Jolla's spanish lights flicker in her eyes
her skin is dyed with Baja California
and under her fingernails
Mojave desert dust

in a knapsack pocket she carries Trosky's ochre seas
a kanga wrap
that once blew like a pirate's sail over Ipanema
paper bags of xanthin gathered
from the fields behind Five Dogs

and in the season
her sunflowers occur like memories
renew the pigments of vanishing afternoons

and continue to renew
in this country of unbalanced light

where we ride the rape highway
from Kinfauns to Kirrie
to the sulphurous city beyond

and observe between summers
the winter sun
forever crash-landing on Tinto

jim leighton

creesh on the ba
rain skelpin doon
the field aa slidderie
unner the lichts

he kens,
athoot bein tellt, he kens

oot there in the soss
oot there in the stoor
the ba skyters yin wey
is blootert the ither
a man is cowped

in the thringin stand
the ghaists greet and rair
the trauchle o bitts
breenges on

and he kens
athoot bein tellt, he kens

the ba breks fae the midden
is gaithered like a pearlie
chistit doon, is trapped
a wee flick on

his hert stoonds
his jaa gaes ticht
his rauchle haun maks a nieve
in its glove

whit wey it is sair
whit wey it is toom
whit wey is it in the lane cauld nicht,
he kens

syne a touch
a flick, the laddie's bate
the fuhl-back's skinned
the defence is left haunless
juist the keeper, ainlie the keeper

an the keeper stauns
at the creel o the goal
glaur on his pus
an his een bleezin
his mooth aa dreh
aff a drooth he canna
shak these days

hero or cuddie,
the fishwifes blaw
yet the chanterin rair
o the cronies in the stand
sall no him unhool
sall naethin him daunt

straucht an smert
the ba is lowsed
sherp as a skelf
burlin aaweys
a buhlitt

swippert, eident, shair
wi yin gret lowp
the keeper hurls his bow-hoched banes
intil ae lang unfankilt airch
raxin
till his jyntes crackle
and gits haurdlie, no even a haill fingir tae it

then skelp aff the bar
the ba on the grund
bitts flingin, breengin in
knee in the baas, clout on the heid
syne the keeper hes it, hauds it,
the ba in his airms
snod and safe
like a puir unhovin bairn

whit wey it is sair
whit wey it is toom
whit wey is it the lane cauld nicht,
he kens

and the chanter o the ghosties
nor the fishwifes in the stand
nor the sooch o the deevil hissel
sall no him unhool
sall naethin him daunt

the keeper chaas his chewnie
draps the ba on the flair
and wi a glower o pure smeddum
blooters hit richt
back intil
the thrawn raivelled maikless gemm

lanarkshire

your voice is the souch o the wind throu birks
your licht is the hard frost at the side o the field
your hair the roost on a covenanter's sword

sometimes your heid is thackit wi craws
the wind gars them reeshle
like fields o bleck wheat

the lanimer fair cries me

thir merkin stanes is cauld
fugged wi moss
happit by stoor
sooked slowly doon intae the grund they came fae

you are a border ghost

you flit fae me like words o a ballad

i'll no can follae you
but like a bowsey butcher on a puggled horse
i will ride a lanimer roond your hert

can you dig wir new assembly?
(for Mike Russell, MSP)

can you dig wir new assembly
sae hi-tech an user-friendly
embassies tae God an Wembley
and ither airts
ae hert-heezin rambly-scrambly
o lads o pairts

and lasses, tae, amang the thrang
that promised us a brand new sang
for which we waited far owre lang
wi patient lugs
and tholed Westminster's ilka wrang
like clappit dugs

but nou we awn a future bricht
a chance tae rive the day frae nicht
tae clean the clart, the stoor tae dicht
and brek auld spells
intae oor sowels tae shine a licht
and face oorsels

sae commissars, bring us your virr
apply your smeddum, gie a stir
tae Scotland's fozie foostie air
on every shift
acknowledge nae perimeter
and rax the lift

and let na this moment slitter
– Year Yin wis an awfie scutter –
mak this cairn o words the better
and no a pish-hoose
for thaim that plaister, skail and footer
wi cauld-kail issues

chauve and redd up every schule
warsle for the seik and frail
drug-lairds huckle intae jail
be unmovin
fecht ay for jobs and dinna fail
the men at Govan

for nou we hae a parliament
– a wee bit taste o government –
mak sure we use whit we've been lent
and gar advances
us douce Scots folk, we hae been kent
tae bauchle chances

Pedro Puddock

Pedro Puddock bides in Fife
Hasna hoppit far in life

He's sae bored it nips his lugs
Catchin the same clarty bugs

Richt scunnered wi himsel yin day
He lowps Loch Leven an the Tay

A happy paddy nou that he's free
He turbo-skites owre the cauld North Sea

Oor puddock's in France in under an oor
Where he bangs his heid aff the Eiffel Touer

Owre Europe he jouks, intae Egypt he jinks
Tae he's keekin up at the stoorie auld Sphinx

Then guddles aboot in the Bay o Bengal
An staps for a jam-piece at the Taj Mahal

But Pedro's puddock leggies are pure gowpin
Efter aw that intercontinental lowpin

thailand

the silence
hings like sweat
on the watchers' broos

professionally grim
in sleekit vampire semmits,
the players hover
in the hauf licht
like the followers o a coffin

Higgins, McManus, Hendry
as serious as waiters
attend the table
jalouse the angles
and glower
wi blank determination
at the gless ee
o the cue ball

these robotic weans,
a cauld slaver in their mooths,
swallae their nation's urge tae shoogle and fail

they bide still,
the grit o the city
the steel o the Craig
and the bands o Arrol's brig in their herts

clara

i ate hot soup with her
every sunday after god
but i never ever met her

she was fast slipping away
and i was far too busy catching on
to stop and ask
who was the old woman
who sat with a bag
at the elbow of the room
talking like mad
about busfares and bombscares
and all the latest earthquakes

she spoke in the tongue
of dead kings and spinners
and the shape o her voice
was new as tomorrow
as ancient as wind
and she was lonely in that land

the turn of the century had turned her out
into an empire that didn't want to know
and her one and only lover
was a no-good, two-bit disease
that dragged her off to bed
and made her sweat like a summer cow
then left her quietly one morning
thin and childless

then the cancer came and curled her up
like the fibres of the wires her fingers had worked
since
she couldn't remember when
and of course
when she fell on her head on her seventieth birthday
you couldn't help saying nothing

so they drove her to a place
with big windows and singing birds
and there she rang for the universe
and asked of it impossible things

god got to hear and showed up one day
with two strapping angels
and they took her down into the earth

and nowadays there's nothing left of clara

her soul is in a singles' bar in heaven
her bones are locked inside a box inside a green hill
yet her tongue is in many, many mouths

skinnymalink

ye're thin
ye're awfie thin
a rickle
look at ye
yin lang drink o watter
a harl o banes
fauchled wee windlestrae ye

whit are ye like

ye're as thin as a caird
ye'll blaw awa
sparrabaldy, peerie
yir ligs are like twa spurtles
it's a wunner ye dinna
fa doon a cundie

mend yir body
fill up
be guid tae yirsel
sic a drochle
a peeliewally
there's nae meat on ye at aa
mair bouk on a deid spuggie
i've howked braider skelfs
oot ma pinkie fingir
i've been hauntit
by fozier ghaists than you

no like me, tho

i canna talk

i'm a frowdie heesh
a guttie
aa erse and pooches
built like a hoose-end
a heefer

i like ma meat
a real cake hand me
i can gie a bool o porridge
an awfie fleg

brosie, tho
warm in the cauld
creeshie oxters in the spring
ilka bairn wants a guddle
at ma breist
no spare as a bicycle
thin as a bane
an awfie skinnymalink
no like you

and in the brukken-doon lands
unner the bleezin sun
where rivers and wells
are drouthie thrapples in the earth
bairns ligg
stervin in the stoor
wee clootie bundles on the grund
their skin bauchled ticht owre their skelets
in gullies and corries we canna see

syne the hoodie vultures come
and pick their face

ken

o jeannie, eh'm sluppin awa

– eh, eh ken

mrs zieman's affy no weel

– eh, eh ken

elaine sehs she's awa doon the murraygait

– eh, eh ken

breenie cannae see the wudd fur the trees

– eh, eh ken

the word for cundie in bulgarian is okap

– eh, eh ken

the bairn didnae half gie his grandfaither a fleg

– eh, eh ken

ivan golac is serbian an no croat

– eh, eh ken

firmly insert the spurtle and gie hit a guid shauchlin

– eh, eh ken

dundee district cooncil – putting the heart back into
the city

– eh, eh ken

thon liz mccolgan's a real tonic, eh no

– eh, eh ken

what i wouldn't give to be if i was mary's prayer

– eh, eh ken

o beautiful silvery Tay
with your landscapes, so lovely and gay

along each of your waters, to Perth all the way

– eh, eh ken

fehv peh suppers oot the deep sea, mario

– eh, eh ken

an an ingan ane an aa

an an ingan ane an aa

'Dundee Man For Australia'

– eh, eh ken

'Dundee Man Bound For Saudi Arabia'

– eh, eh ken

'Dundee Man Bound Over (dash) Failure To Pay Fines'

– eh, eh ken

there's alan and alan and alan gilzean

– eh, eh ken

buzz tellt sniff he wus gonnie gie us some

– eh, eh ken

takkin you hame's nae problem, lassie
the problem's the wife

– eh, eh ken

the memorial on the law has been illuminated

– eh, eh ken

the timex gates have now been shut

– eh, eh ken

they crucifehd wis, they crucifehd wis

jeannie, eh'm sluppin awa

– eh, eh ken

o jeannie, eh'm sluppin awa

A CAULD SECOND AT BULOVKA

On 27 May 1942, Reinhard Heydrich, German Reichsprotektor of the Czech and Moravian Lands, was assassinated by Czech paratroopers in the Prague district of Bulovka.

The Nazis responded by executing many thousands of innocent Czechs. The paratroopers, hiding in a crypt below a kirk, were eventually betrayed. Rather than surrender they took their own lives.

Heydrich prior to his death had arrogantly tried on the Bohemian Crown, laughing at the legend that says those who are not of royal line that wear the crown will die before a twelve-month has passed.

Prag, 1542

In Prag thair wonned ane karling wyse
Jezibaba scho wes nemyt
Ane rede-wod spell did scho devyse
Til a fenyeit prince and fremyt

Ane kerl unroyalle for jowells lucerne
That taks the croun upo his heid
Jezibaba's glamour sall him lerne
Afore a yeir he maun be deid
Merk Jezibaba's sang austerne
Afore that yeir he sall be deid

Sanct Wenceslas Chaipel, July 1941

Honza wuz there, tae
me an hum
baits sheenin
sarks strecht wi starch
an tellt tae kaip wur ehs
doon

pauchlin roon
the antechamber
servin the tassies
plenn joogs fou o beer
blaain the stoor aff the Sehberian caviar
afore they keltered in

Artur Nebe wi his fleg o a wife
Kaltenbrunner, Klein
Schellenberg shilpit nixt ees SS-beefers

Frank Daluege, tae
ees ehs aa richt throu wi reid
snochter o white roon the neb
feert Himmler aariddie kens
ee's sneckit on cocaine

an Reinhard Tristan Eugene Heydrich
pus chapped oot o a block o stane
tap sark button nuppin ees neck
gies me ees jecket
an a clorty glower wi ehs as derk

an daid as the day his baists
poued Prague tae pieces
transportin the aald
stannin laddies against waas
wi bleck cloots roon thur haid
caain lassies frae thur mithers
tae rape thum

obergruppenfuhrer Heydrich
dunts me
draps on the flair
the seeven keys o Prague
spiers in orrie german
fur the croun

eh lowse the locks
an Wenceslas' thoosan-year-aald chaipel
bowffs foostie air aa ower wi

the Nazis aa burl in
Frau Nebe greetin at the guff
Schellenberg nabblin caviar

me an Honza
shauchle intae shadda
ehs fashin the flagstanes
stull as haly stookies

but Heydrich hus meh shooder
haals me ben the jewel hoose
intae the chaamer o saintlie banes
Eliska Pomoranka's dehmond rings
an the glisterin gowden croun o Bohemia

Daluege'll no mind this in the mornin
glaikit Nebe doesna ken whar he is
Schellenberg's ower thrang stechin ees-sel
an Kaltenbrunner staps a gant wi a nieve

the pairty's no fur them the day
Heydrich's ehs flut
fae the croun tae me

he waants a Czech tae see this
he needs a Czech tae see this

an sae eh waatch
as he heezes
the hivvie hoop o gowd
tae ees haid

reichsprotektor Heydrich looks at me
athoot yasin ees ehs

an laughs at me
athoot movin ees lups

a cauld second at Bulovka

the daunce begins: Gabcík warsles
a trig bleck sten-gun fae parcels
posed in the gress, his bluid birsels
the clock chaps roon
Kubis an Valcík redd theirsels
tae caw him doon

the three dicht lines o swite fae broos
– abinn the road, a flocht o doos
daurkens the lift – each kens their cues
adjusts their graith
waits this sweirest o rendezvous
wi chittrin braith

Heydrich in his broon mercedes
burls roon the brae salutin ladies
– wi guns happit up in plaidies
an creeshie hauns
tae huckle him tae zion or hades,
they tak their chaunce

Gabčík intromits Heydrich's route
his sten-gun clicks but doesna shoot
the driver pugs his pistol oot
clips Gabčík's lig
wha, mankit, hirples aff on foot
owre Trojsky brig

while Kubis fae a different airt
jinks owre the highway, swippert, smairt,
like johnie ged flingin his dairt
hurls a grenade
the german caur is blawn apairt
an Heydrich's paid

the assassins skail throu the toun
afore Nebe comes tae hunt them doon
the fowk owre Heydrich gaither roon
tae hae a neb
on his heid aince mair he feels the croun
then grups his geb

a cauld second at Bulovka
braw, sublime, carnaptious, orra
thirlin the past an the morra
tae ae dreich dawn
a sweir stramash o joy an sorra
an nae gree won

The Baxter's Van

he could thole the skelfs o steel, shairp an wee,
shot throu his craig, his kist, his saft dern thairm
– he cowps a creel o scones wi a vexed airm –
but reichsprotektor Heydrich canna dree
the buhlitts lowsed in anger at his caur
thae Czech keelies, their faces white an soor
raxin, ettlin for his life: wha wid daur,
when aw ken he could chap them intae stoor?
his ambulance, stapped wi baps, rolls, bannocks,
skitters on the causey stanes an shoogles
the bomb-shards in his wame. He hoasts, panics
as peerie dauds fae his thrawn Nazi tweed
skails slow venom intil his harigals;
an in his neb, the reek o fresh-baked breid.

communiqué

shoot the men o Lidice
yird them whaur they faw
rive the bairns fae their mithers
send them hyne awa

unthack Lidice's bothies
ding doon aw its lums
set ableeze the baxter's hoose
gaither in the crumbs

pou the crops fae the gairdens
cowp the chapel-bell
scart the bloom fae the gean trees
chowk an stap the well

scoor the names fae the heidstanes
howk up the ancient deid
caw the claes fae the waashin line
unsteek ilka threid

skail the people, burn the toun
gar the lot collapse
dicht the name o this clachan
fae aw german maps

syne atomise the verra grund
lea neither stoor nor kern
thrapple ilka braith o air
pit oot ilka stern

In Resslova, June 2000

it isna the daurk
or the air drookit wi ghaists
but the efterburn o somethin tholed
that maks me pause at the kirk door

ahint me
camions an fowre-traks gurr
up resslova street

an auld wife
fingirin tickets an bawbees
spiers if I'm the fuhl-shillin

schoolbairns slieve by me
pey the babicka
gang lauchin intae the crypt

I dinna folla
the soorness o an auld moment
caws me back tae the street

tae the bleck mooth o the ventilation shaft
that yince boaked buhlitts
an swallaed the hard heids o grenades
until the germans stapped it
wi a thoosan gallons o cundie watter

in the crypt ablow
three generations syne
Gabcík an Kubis
took each anither's lifes

fae that oor smeekit wi a toomness
nae human sowel should ever dree
I turn awa
an stacher
intae a lang thin man on the road

this émigré,
come hame in his echtieth year
tae steer the shaddas o his first life
grups ma elba
havers alood in broken canadian
the names o the fechters'
thirled tae the wa

reid paper flouers
sit skellie
in a jar o bleared gless
ablow the vent

the man strechtens the stems
pits his nieves ahint his back

an sae we staun thegither
a minute mair
deaved by the dirlin city traffic
afore he hirples aff
intae the peeliewally mornin sun

efter the pairty

the riders o the apocalypse
hae rade their brimstane cuddies
up and doon oor lobby

god wis roon last nicht
pished again
and held judgement day
in oor front room

an interfaith drug-ring
set up shop
ben in oor cludgie
and the eejit that stuck the heid
on aw the mirrors in the place
will no shaw his face roon here again
in a hurry

sehlince
is crashed oot like a burst cooch
in a corner o bustit gless

the fowk that bide here
are aw at each anither's funerals

and the hoose is decidit
it's haein the day in bed

*   *   *

pure radge

ah'm mentul
pure radge
a richt ramstoorie ragabash

scabbie-heidit
muckle-boukit
aye hingin
hotchin wi clart

ah'll tak a dram
ah'll tak your dram
a drap o ocht
that'll get us fleein

a pint o heavy
while ye're there
a joug o pure fire
a tassie o gaskin wine
a stein o shumhin wikkit
tequila, voddie
slainte mhath
up yir crack

syne hauf-seas owre
ah'll whummle ye
cowp yir harns
ramfoozle and bumbaze
gashle yir rhetoric
and drehv ye
up the waw

hoochmagandie?
ah'll hooch yir grannie
and daunce like a run-deil
the reel o the bogie

and in amangst it
the stushie
the collieshangie
the reel-rall
rummle-tummle
ramrace o a fecht
ah'll hae
tak a radgie
loss the rag
and stove yir heid in
pal

ah'm mentul

pure radge

a richt ramstoorie ragabash

dinna mess

Takeaway

Shift Manageress McHale made Rab's life a misery. She made MacLardy's life a misery, she made Sandy's life a misery, she made Fraser's life a misery and all. She kind of liked wee Billy Robertson but she made his life a misery anyway. She was one mean mother, as Hauf-Shut would say in his Robert Mitchum drawl which sounded awfie like Sean Connery.

'She's one mean mother,' drawled Hauf-Shut, sounding awfie like Sean Connery; and wherever she was in the building, Shift Manageress McHale would hear him and come raging up like one mean mother to where Hauf-Shut was pretending to mop the floor and swear at him something terrible, curses so vivid and vile that even Hauf-Shut's family, that were all dead and buried, were black-affrontit, and then Shift Manageress McHale would tell Hauf-Shut to go and toothbrush the backstairs.

Shift Manageress McHale had only two joys in life: swearing at people and then telling them to go and toothbrush the backstairs. She had been born with a talent for the expletive, a brutal and violent way with words. She could whip out a curse with the sharp edge of her tongue so explicit and colourful that it seemed a living entity, an allegory, a poem. From the security monitors the managers used to spy on the staff, she would pick out her victim, someone who was pretending to mop the floor somewhere, and rush up behind them and unleash upon them a string of oaths and curses scraped off the very urinal of hell, curses which could make grown men scunnered and dead mean weep and all contiguous living things wither and die.

Shift Manageress McHale made everyone's life a misery, including her own. She was compulsive in her meanness and had decided early on that if she was going to make everyone else's life a misery, she would make hers a misery too, she'd be fuckingwellpissprick-cuntspunkstainedbuggeredanddamned if she was going to miss out on anything. And so she would take her foul mouth and the day's takings and a large diet coke no ice into the back office and swear at herself furiously for hours on end and every now and then, order herself to go and toothbrush the backstairs.

Everyone except Rab knew that Shift Manageress McHale was aff her heid. Rab was a new-start and didn't know anything yet. Rab had been with the company just under fifty-three minutes when a coach party from nowhere stopped by for a bite to eat and Shift Manageress McHale asked Rab to start making up the biggest fattest burgers on the menu and nearly sacked him there and then when she returned three seconds later looking for forty-six kingsize and Rab told her tae git tae france, christ, he didnae even know where they kept the tomatae sauce in this place. Shift Manageress McHale turned on Rab, mustering her rich and terrible vocabulary of oaths, her face reddening in anger.

Rab was saved by Assistant Manageress Gillian who asked him to fetch some chips out of the freezer. Assistant Manageress Gillian did not walk. She breezed. Everyplace she went, she would breeze there. And everyplace she arrived at she would breeze in with the rota or the stock list or anything which invested her appearance with an air of efficiency tucked neatly under her arm. She breezed to the cold store and breezed into the staff room. One minute, Assistant Manageress Gillian was naewhere to be seen; a wee gust of wind later, there she was, efficient neat and calm, and asking Rab the new-start to fetch some chips out of the freezer. Assistant Manageress Gillian was efficient, neat and calm; Shift Manageress McHale was an ogre, a demon, a hoor that swore at you and then told you to go toothbrush the backstairs. Rab saw there was only one way out, one swift and easy path to freedom. His plan was simple.

He would murder McHale.

photocoapie

she usit tae be a dab-haun
wi chemikal complekions,
coapyin thi lynes an bluschis
o magazein mouvie weimun
oantil hur ehdentiteh
wi the skeill an assurance
o a foarjir's leh

but thi jurnai o thi blude
hes wescht an wypit
thi coasmetik cerbuird preincess awa,
yeir
bi
yeir,
an nou the meirrur meirrur oan the waa
gies hur simwan nuwe tae luke ut –

hursel

fur hur maskara hes byn greitit aff
hur youthheid hes lowpit ootae hur skin
hur wyne-derk dauncan schoon ur hungowre nou
an hur skeleton's stertan tae schaa

Discovery

The S.S. Discovery, yon widden thing wi roostit nails,
Rocks lichtlins noo in the Dundee herbour.

Worn awa beh hullfulls o Antarctic ice scars,
Freezan sauty waaters an London sicht seers,
She laps, fuddilt an dune,
Hame in hur jaskit wastit wameskin.

An aa the aald widden ship discovert
In aa that time an aa thae places
Wis thit men that stey oot in the caald tae lang
Dee.

scoatlan ut hame

gethirt lyk groazirs
intil a jeskit
beskit o thi goads,
thi hampden tertan ermie schaks
hits saltyre relics
ut thi luift

fae thi seistym o thi cyties
an thi multis an thi faktories,
thai cam tae burn a caunill
tae thair neitionhude
an tae oaffir tae thi her
thair dialects o raischism;

an thi toom nyse o a dwynan lan
exploads lyk leiquit
i thi drum o thi yirth

reivolution

eh wis loest an alane
i thi caalt ertik snaa
eh wis feirt as a wean
wi nae mithir tae caa

hit wis gey chittran licht
at the tap o thi warl
an oot o meh sicht
soonit skraikin an snarl

but therr wis nae muckle brutes
nane meh hide wadna thole
juist ae man wi big butes
kickan fuck oot thi Pole

eh seyt, heh jimmy
dae ye ken whit ye'r daean
eh seyt agen, jimmy
is hit epilepsy ye'r haean?

he turnt roon an luikit
thru thi snaa an the caalt
his heid wis white froestit
he wis gey an fell aalt

saftlins he tellt me
i ae funie lyk wey
he'd bin geian it laldie
syn thi brak o thi dey

eh speirt, whit gers ye stick in
this goed loessit hole
an wheh ur ye kickan
thi noerth bliddie Pole

he spak a wee bit
butes still gaun lyk ae doeckir
sim fowk caa me stupit
bit thi warl's aff hits roeckir

sae eh chaa oen thi kelp
an wark thru thi dey
tae whummil an help
thi warl oen hits wey

first eh thoecht he wis glaikit
bit the trowth porrt me quick
an eh tuke aff meh jaikit
syne stairtit tae kick

geist

thi button spheirs o quehit steil
faa frae thi cluds, thru thi rehns an thi ehrs
wi thi strachtniss o stanes,
dists flechan aff i thi coenflick ferr
abune thi lift, wechtit wi whaal;

streits oen knappit streits shoom flehm
an gess frae woons o shettirts biggans,
boembs o bugil nyse poon thir nehm
acroess thi city's kaif moseiik,
deivan ae deif dumb dehan kehm

o lang sherp hates, draan beck an fraa,
beck an fraa owre human ingangs,
an i ae boex, thi shadaa sits
amang ae mess o parapits
o spunes an flaigs an whangs
o bane, dirlt lyk derts i ae waa.

Geist, pleg me nae mair wi this;
ent me nou syne lit me kiss
thi fute o yer maist unconiss.

eh hae dune it, Geist, eh smoort thaim aa.
eh hae feinisht, Geist, eh brunt thaim aa:
nou lit yer cule fehrs dreink me aa.

ken me, Geist, eh ken yer ploys
oen the aaltir o thi hakencreuz,
knifan leitil juwish boys.

yer swoert pleyt rem-stem i meh haan.
hit heirt its ain dern coemmaan.
bit I meh ent, eh unnirstaan

yer bei shehp cells o thoecht
lyk ergan ein
kaip gude an eivill in atwein –
whit hae ye broecht?
whit hae ye gein?
bit yer ain thraan coenscience: noecht.
yer a beist o yersel
rouchir nor me
an thi warl's juist ae fell
wee pikyure o ye;
ye inhabit thi mune an thi stanes an thi sea,
spreidan yer moetleh o heivan an hell.

kraikin o spess
wha waars i thi lift,
shaa us yer fess,
eh'se waarint hits rift
atwein twa deiffrint roed –
fegs, an we're gert i thi eimage o goed.

loert, gei us peace, nou hae eh kerrit yer plen;
eh hae crucifeht neitions o weimin an men.

loert, opin yer chaos an swallaa me haill,
reclehm yer sleive affspreing wi yin flick o yer tail

coensume me richt tae ye, thi twin git o christ,
burn me, aalt faithir, goed, satan, Geist.

Eistir

we waandir thi simmir
i serks an bloosis
an laach i thi shadaas
an gressis o Mey

thi ehrs aa aroon us
smell reid i thi aatum
an closs oen oor singan
an quehit thi dey

thi snell dreipit wintir
huds white blude iside me
an leys ae deip froestan
owre meh fuddilt cley

eh follae thi Eistir
thru gairdins o naewhaar;
ye laach frae thi shadaas
syne shaa me thi wey.

coalpits

when he wis stieve an sterk an shair
thon thieveless tube had nae compare
a bonnie radge, a neebor rare,
the laddie we cried Vinnie

at new year sesh or simmer fair
he'd drink until ayont repair
but nou he cannae bevvy mair
the laddie we cried Vinnie

he wha's crack wis never dour
at pairties ayewis caused a stoor
is went an left us seik an soor
the laddie we cried Vinnie

his erse we kerted doon the stair
an aften aff o Cloisters' flair
is booin doon oor shooders sair
the laddie we cried Vinnie

his life's screed is intil the air
his heid an hert an unread quair
a book that shut on Shirramair
the laddie we cried Vinnie

no a country

a tea towel
a key fob
a calendar

a bonnie view
a hauntit hoose
a muckle mealie puddin

a five pound note wi a moose on it
nae bureau de change in the world will even look at

a loaf o pan-breid

a hauf-thrappled tongue

a brace o grouse

a deer's severed heid

a lang wey fae Agricola's Rome
a dour Up Hell Ya
a faither no come hame
fae the mawkit yird o Flodden
a boot in the erse fae the Blackwatch
yin dark nicht in Ballymena

a kirkyaird wi nae kirk but plenty bogles

a room fou o dreamers and fowk that canna sleep

a butcher's parcel o counties and regions

a puir hoose wi the windaes aa panned in

eleven men on a fitba field
owrepeyed or owrebauchled
tae be heroes

thon wee baldie mannie at Carnegie Hall
the chief engineer on the Starship Enterprise
a fuddled memory
an unraivelled tartan
a soor taste at the back o the mooth
in the caller Vancouver gloaman

a quango
a junta
nae duma here
an oxter
a puckle o gadgies
in a fremmit hoose
haverin a load o keech

a wheenge
a boak
a drooth that's never satit

no a country

the sea is chawin awa the frontier
gowps o grund fa each day
intil the freemin ocean

still no a country yit

a Texan handsel

checkonelli
checkon-checkonelli
ice cream and jelly
stick it up yir belly
flush it doon yir welly
aa wet and smelly
checkon-checkonelli

a Texan handsel
baith barrels blazin
blindin amazin
the buddies at hame
but the gun manufactures
and state legislatures
wull no bite the buhlitt
and no tak the blame

because naebody greets
for anither deid gringo
the inviolable right
wull ayewis remain
tae bear erms tae protect
yir bonnie wee hoosie
and shoot doon puir laddies
athoot askin their name

fae Gorebridge tae Paisley
the Broch tae Dumfries
we sit at oor tellies
wi a sense o unease
aa we can dae's
watch the daith toll increase
and roll oot the saltire
for Andrew de Vries

and ma and pa Broon's
fund deid in their hire car
the but n ben's burnin
the motel's been robbed
for Dennis and Gnasher
are nou packin pistols
that they bought oot the sweet shop
and they winna be stopped

unless somebody
can cowp the equation
that guns equals money
the National Rifle Association
wull continue tae feed
the burbs and the ghettos
wi shotguns and uzis
until the merkat is floodit
or aabody's deid

sae dinna fly-drive
tae Tampa or Texas
awa up the heilans
go campin in Fife
ye micht git rained oot
or git bit by a midgie
but ye'll no git held up
and ye'll no loss yir life

and as America is took
by a terrible disease
as America goes radgie
there's a sense o unease
and aa we can dae's
watch the daith toll increase
fae Gorebridge tae Paisley
the Broch tae Dumfries
we roll oot the saltire
for Andrew de Vries
fae Gorebridge tae Paisley
the Broch tae Dumfries
we'll sing flower o Scotland
for Andrew de Vries

stairway til heaven
(efter led zepplin)

see aa thae miners that dird
at the hert o the yird
they work the haill nicht throu tae seven
syne there's a hole in the lift
at the end o the shift
and they're workin a back-shift tae heaven

there's an auld wife that cleans
for the lord o machines
and juist cleanin his stairheid's her livin
wi nae wheenge or wanryfe
wi the watter o life
she's waashin the back-stair o heaven

and there's a lassie that dreams
mang the hell o the schemes
wi her bairns while her man is oot bevvin
thinkin aye on yon time
in a land lang sinsyne
when she stertit the lang road tae heaven

and see yon tink on the street
wi nae shinn on his feet
he's pished oot his brens and he's stervin
yon carlsberg hero waants mair
o his guid maister's care
no juist sweeties and pennies fae heaven

ay and it gies ye a scunner
is it ony wunner
can yis no hear the thunner

some bastart's stole awa the sun nou
pit a muckle hole intil the sky
yon reid reid rose is catchit fire nou
the rocks aa melled, the seas gane dry

oor heidyins shoot their weans on sicht nou
smoor truth and televise their lies
steel sodgers merch atour the earth nou
the hert o aathin tines and dies

can ye see the big man oot in space there
can ye see the jesus at his knee
ye can tak yon grin richt aff yir pus there
he's gonnae stick the SS20 heid on ye

and there's a man owre the sea
gittin nailed til a tree
he's juist wastit his day-release fae heaven
and there's yon makar o sin
juist ootby lookin in
he's the gadgie that fell oot o heaven

and if ye stap by the morn
til the place ye were born
ye'll finn nocht but a world fou o naethin
there's been a chynge o address
til a new time and space
nou we're doon by the ersehole o heaven

Kate o Shanter's Tale

Now, wha this tale o' truth shall read,
Ilk man and mother's son, take heed:
Whene'er to drink you are inclin'd,
Or cutty sarks run in your mind,
Think, ye may buy the joys o'er dear,
Remember Tam o'Shanter's mare.

Ye
ay, ye
ah waant a wurd wi ye

juist poppt in, duid ye
oan the wey hame fae wurk, wur ye
juist poppt in
fur a wee blether, wus it
a cheerie chinwag, eh
a quick hiya boys tae the smithie an the millar, eh no
an a wee hauf o hevvie juist
tae keep juist
tae keep ye gaun, like

ay
bit juist the ane tho
ay, juist the ane
an a wee ane, mind
juist the wee, wee, wee, weeiest ane
an then ye'r awa hame
ay
sulky sullen dame an aa that, ken
ay
gaitherin hur broos, sae she is
ay, juist the ane
gaitherin stoarm, ken
nursin hur wrath, whit
ay, juist ane but
ay, nae bather
ay
oh, ay

well, dinnae gie's it, shanter
juist dinnae gie's it

ye cam in here
fowre in the bliddy moarnan
an ye wur buckled
couldnae staun
couldnae speak
haverin a load ay keech, sae ye wur
tellin us how you'd juist goat back
fae a ceilidh wi the deevil
an how come you'd seen viv lumsden's belly button

a bletherin, blusterin, drunken blellum, sae ye ur

whit a state tae git intae
voamit stens
doon
the back o yir jaiket
werrin sumdy else's shinn
how could ye be werrin sumdy else's shinn
an of coorse
yir knoab wis hingin oot
the tap ay yir breeks
nae shame, huv ye
an see if you've been oot wi yon hoor
kirkton jean again
sae help me
ah'll chap it aff

an ye hud tae be seik
aa owre
ma bran new, deep-layered
haun-med bi crippilt weans in kilbarchan
tender pile carpit
didn't ye

whit a state

ye wur that pisht
that yir ain voamit
goat aff the flair
ran ben tae the cludgie
an spewed its ain ring
ah dinna ken

fowre in the bliddy moarnan
ye cam in here
didnae waant yir tea, did ye
(ah'v hud chips)
slavin away since six this moarnan
a ten mile hike throu the snaa fur firewidd
fechtin aff wolfs an bears an lions
(ah'v hud chips)
slavin away
sooth o the border spanish meatbaws

orange ginger
an tatties
(ah'v hud chips)
romanoff a la lila
watter chestnuts
an custart
hud tae sen the bairns oot
tae bolivia fur the fuckin chestnuts
an you come in here
but ah'v hud chips
an a wee dona kebab

an juist whut
in the nemm o the wee man
did ye dae tae the horse
ma best brawest cuddie, puir meg
that wis the tocher aff ma ain faither

ye'v went an broke it
ye'r an eejit, shanter
a fuckin eejit
ah dinna ken whit ye wur playin at
but ye better finn that tail
pronto

nou, wha this tale o truth sall read
ilk man an mither's son, tak heed:
whene'er tae drink ye ur inclined,
or cutty sarks run in yir mind,
think, ye micht buy the joys owre dear –
remember, remember,
juist mind whit happened tae ma fuckin horse.

But n Ben A-Go-Go

Matthew Fitt

ISBN 0 946487 82 0   HBK   £10.99

ISBN 1 84282 014 1   PBK   £6.99

The year is 2090. Global flooding has left most of Scotland under water. The descendants of those who survived God's Flood live in a community of floating island parishes, known collectively as Port.

Port's citizens live in mortal fear of Senga, a supervirus whose victims are kept in a giant hospital warehouse in sealed capsules called Kists.

Paolo Broon is a low-ranking cyberjanny. His life-partner, Nadia, lies forgotten and alone in Omega Kist 624 in the Rigo Imbeki Medical Center. When he receives an unexpected message from his radge criminal father to meet him at But n Ben A-Go-Go, Paolo's life is changed forever.

He must traverse VINE, Port and the Drylands and deal with rebel American tourists and crabbit Dundonian microchips to discover the truth about his family's past in order to free Nadia from the sair grip of the merciless Senga.

Set in a distinctly unbonnie future-Scotland, the novel's dangerous atmosphere and psychologically-malkied characters weave a tale that both chills and intrigues. In *But n Ben A-Go-Go* Matthew Fitt takes the allegedly dead language of Scots and energises it with a narrative that crackles and fizzes with life.

'*After an initial shock, readers of this sprightly and imaginative tale will begin to relish its verbal impetus, where a standard Lallans, laced with bits of Dundonian and Aberdonian, is stretched and skelped to meet the demands of cyberjannies and virtual hoorhooses. Eurobawbees, rooburgers, mutant kelpies, and titanic blooters from supertyphoons make sure that the Scottish peninsula is no more parochial than its language. I recommend an entertaining and ground-breaking book*' EDWIN MORGAN

'*Matthew Fitt's instinctive use of Scots is spellbinding. This is an assured novel of real inventiveness. Be prepared to boldly go...*' ELLIE MCDONALD

'*Easier to read than Shakespeare, and twice the fun*' DES DILLON

'*a bit of a cracker. I have no Scots... and tend to avoid books with long passages in dialect. But I can, with occasional hiccups, read Fitt's offering and am doing so with much enjoyment. He has found the key, which is to eschew linguistic pedantry in favour of linguistic vigour. To hear him reading aloud at the book launch, giving the Scots language a modern literary voice without selfconsciousness or pretentiousness, was a mesmerising experience... Luath Press is barking up the right one. The most effective way to revive the language is to support the imaginations of Scottish authors. Let's hope Fitt has started a trend.*' KATIE GRANT, THE TIMES

'*a robust Lowland Scots collides sparkily with a grim vision of Scotland in 2090*' JIM GILCHRIST, THE SCOTMAN

'*a lively, vibrant and sparky style that brings out the best in the plot and with diamond-sharp description and gutsy, full-flavoured dialogue... a good strong story with an intriguing plot and inventive ideas*' HELEN BROWN, DUNDEE COURIER

'*it's a hugely entertaining story... if his novel is anything to go by, Scots really is alive and kicking*' ALEX SALMOND, NEWS OF THE WORLD

Poems to be read aloud

Collected and with an introduction by Tom Atkinson

ISBN 0 946487 00 6 PBK £5.00

This personal collection of doggerel and verse ranging from the tear-jerking *Green Eye of the Yellow God* to the rarely printed, bawdy *Eskimo Nell* has a lively cult following. Much borrowed and rarely returned, this is a book for reading aloud in very good company, preferably after a dram or twa. You are guaranteed a warm welcome if you arrive at a gathering with this little volume in your pocket.

Scots Poems to be Read Aloud

Collectit an wi an innin by Stuart McHardy

ISBN 0 946487 81 2 PBK £5.00

This personal collection of well-known and not-so-well-known Scots poems to read aloud includes great works of art and simple pieces of questionable 'literary merit'.

'Scots Poems to be Read Aloud is pure entertainment – at home, on a stag or a hen night, Hogmanay, Burns Night, in fact any party night.'

SUNDAY POST

The Whisky Muse
Scotch Whisky in Poem and Song

Collected and introduced by ROBIN LAING

Illustrated by BOB DEWAR

ISBN 0 946487 95 2 PBK £12.99

Whisky – the water of life, perhaps Scotland's best known contribution to the world

Muse – goddess of creative endeavour

Luath Scots Language Learner

An introduction to contemporary spoken Scots

L Colin Wilson

ISBN 0 946487 91 X pbk £9.99
ISBN 1 84282 026 5 double CD £16.99

25 graded lessons; English-to-Scots vocabulary list; verb tables; dialogues; grammatical explanations; exercises; background information about life in Scotland; cultural context

The first-ever Scots language course, suitable as an introductory course or for those interested in re-acquainting themselves with the language of childhood and grandparents.

'This gies us whit dictionars niver will gie, a taste o the richt idiom o the thing.'

JOHN LAW, SCOTS LANGUAGE RESOURCE CENTRE

Kate o Shanter's Tale and Other Poems CD

You've read the poems – now hear them. This audio CD is available to buy mail order direct from the publisher at a special price of £6.99 (RRP £9.99) using this form. To purchase your copy of the **Kate o Shanter's Tale and Other Poems** CD for only £6.99 plus postage and packing (£1 in the UK; £2 overseas), simply complete the form below (or a photocopy thereof) and send it to **Luath Press Ltd, 543/2 Castlehill, The Royal Mile, Edinburgh EH1 2ND, Scotland** with your cheque or credit card details, or phone +44 (0) 131 225 4326, fax +44 (0) 131 225 4324 or email gavin.macdougall@luath.co.uk, or visit www.luath.co.uk where you will also find details of the full range of books published by Luath Press, including *The Luath Scots Language Learner*, *Poems to be Read Aloud*, *Scots Poems to be Read Aloud*, *The Whisky Muse* and Matthew Fitt's acclaimed future-set novel in Scots, *But n Ben A-Go-Go*.

I wish to purchase ____ copies of the **Kate o Shanter's Tale and Other Poems** audio CD at the mail order price of £6.99	£ _____
plus ____ copies of the **But n Ben A-Go-Go** book at £6.99	£ _____
plus ____ copies of **Poems to be Read Aloud** book at £5.00	£ _____
plus ____ copies of the **Scots Poems to be Read Aloud** book at £5.00	£ _____
plus ____ copies of **The Whisky Muse** book at £12.99	£ _____
plus ____ copies of the **The Luath Scots Language Learner** book at £9.99	£ _____
plus ____ copies of the **The Luath Scots Language Learner** double audio CD set at £9.99	£ _____
Postage & packing (UK - £1 per order; overseas £2 per order)	£ _____
Total	£ _____

Name _____

Address _____

_____

_____ Postcode _____

Tick

____ Please find enclosed a £ Sterling cheque made payable to **Luath Press Ltd**

____ Please charge my credit card

Number _____

Type (Mastercard/Visa only) _____ Expiry Date _____

Signature _____

Luath Press Limited

committed to publishing well written books worth reading

LUATH PRESS takes its name from Robert Burns, whose little collie Luath (*Gael.*, swift or nimble) tripped up Jean Armour at a wedding and gave him the chance to speak to the woman who was to be his wife and the abiding love of his life. Burns called one of *The Twa Dogs* Luath after Cuchullin's hunting dog in *Ossian's Fingal*. Luath Press grew up in the heart of Burns country, and now resides a few steps up the road from Burns' first lodgings in Edinburgh's Royal Mile.

Luath offers you distinctive writing with a hint of unexpected pleasures.

Most UK bookshops either carry our books in stock or can order them for you. To order direct from us, please send a £sterling cheque, postal order, international money order or your credit card details (number, address of cardholder and expiry date) to us at the address below. Please add post and packing as follows: UK – £1.00 per delivery address; overseas surface mail – £2.50 per delivery address; overseas airmail – £3.50 for the first book to each delivery address, plus £1.00 for each additional book by airmail to the same address. If your order is a gift, we will happily enclose your card or message at no extra charge.

Luath Press Limited

543/2 Castlehill
The Royal Mile
Edinburgh EH1 2ND
Scotland

Telephone: 0131 225 4326 (24 hours)
Fax: 0131 225 4324
email: gavin.macdougall@luath.co.uk
Website: www.luath.co.uk